# DE LA NÉCESSITÉ

## DE DEVELOPPER

# L'INSTRUCTION PUBLIQUE

« Dieu veuille que nos élus aux
» assemblées s'inspirent avant tout,
» dans leurs délibérations, des besoins
» de combattre promptement l'igno-
» rance. »

« A l'ignorance nous devons nos
» malheurs passés ;
» A l'ignorance qui persiste nous
» devrons de plus grands malheurs. »

CLERMONT-FERRAND

TYPOGRAPHIE MONT-LOUIS, LIBRAIRE

Rue Barbançon, 2

1875

Tous les hommes qui ne sont pas aveuglés par leurs préjugés, reconnaissent la nécessité absolue de régénérer la France par l'instruction.

La France étant l'un des pays où l'instruction est le moins répandue, elle a dû, fatalement, perdre le rang qui la faisait briller en tête de toutes les nations; comment ses populations, affaissées sous le poids de l'ignorance, auraient-elles pu réagir contre les causes qui ont incessamment travaillé à notre abaissement?

Quand on pense à ce qui a été fait dans tant d'autres pays! En Suisse, en Allemagne, en Hollande, en Danemark, en Suède, chacun sait lire, écrire, compter; chacun connaît au moins l'histoire et la géographie de son pays; les livres sont dans toutes les mains; mais là, les gouvernements taillent dans le budget une large part aux écoles.

En France, la statistique nous épouvante par le nombre des ignorants; on y lit si peu, que c'est avec peine que quelques bibliothèques populaires s'y développent ; ce que nous dépensons pour l'instruction, avec notre budget de deux milliards et demi, est bien peu de chose : il est des peuples comprenant sagement le progrès, qui dépensent trente fois et cinquante fois plus que nous, pour un objet appelé un jour à se voir consacrer la plus belle part dans les revenus des Etats.

Nous glissons sur la pente où se sont abîmées l'Espagne et l'Italie. L'Italie se relève. A nous de ne pas descendre plus bas.

Pénétrés de ces idées, quelques amis fervents de l'instruction publique pensent devoir rééditer la profession de foi de M. LEDRU, président du Conseil général du Puy-de-Dôme, adressée l'année dernière à ses électeurs du canton Nord de Clermont.

« CHERS CONCITOYENS,

» J'ai eu l'honneur d'obtenir le plus grand nombre de vos suffrages en octobre 1871 comme candidat au Conseil général. Je sollicite le renouvellement du mandat que vous m'avez confié et je viens vous rendre compte de la manière dont je l'ai rempli.

» A mon avis, la conquête la plus considérable que doivent poursuivre les corps électifs est le développement le plus étendu de l'instruction publique à tous les degrés.

» Là est la question capitale, d'où découle la solution libérale de toutes celles qui agitent le monde.

» Lorsque l'instruction aura pénétré les derniers rangs des citoyens, lorsqu'elle aura élevé toutes les intelligences et donné à chacun un instrument sûr pour distinguer l'erreur de la vérité, alors *seulement* la nation sera maîtresse d'elle-même et ne sera plus exposée aux entreprises des spéculateurs politiques qui

ne lui parlent de ses intérêts que pour satisfaire les leurs.

» Voilà, chers concitoyens, le but auquel
doivent tendre vos mandataires, et vous recon-
naîtrez qu'il en est peu d'aussi élevés et d'aussi
utiles.

» C'est pourquoi je me suis toujours associé
à toutes les propositions émises en faveur de
l'instruction publique.

» Les questions traitées ont été nombreu-
ses, mais les plus graves entre toutes sont
celles qui touchent à l'instruction primaire,
l'instruction indispensable à tout le monde.

» Pour que le développement en soit assuré,
il faut qu'elle devienne GRATUITE et OBLIGA-
TOIRE.

» Gratuite, en rémunérant l'instituteur au

moyen d'un impôt proportionnel à la fortune de chacun, comme sont rétribués les fonctionnaires de tous les ordres. Ainsi réparti, l'impôt sera plus juste et moins lourd que la rétribution scolaire appliquée comme elle l'est aujourd'hui.

» Obligatoire, parce qu'il est de salut public que tout le monde en soit pourvu, et que d'ailleurs, à un autre point de vue, le père n'a pas plus le droit d'en priver son enfant que de lui refuser le pain de chaque jour.

» L'instruction bien dirigée a le double avantage de satisfaire à la fois les intérêts moraux par le développement de l'intelligence et l'éducation de l'esprit, et les intérêts matériels, en mettant à la portée de tous les découvertes de la science, dont les applications sont la base de l'agriculture et de l'industrie, les mères nourricières du genre humain.

» Une société animée par le souffle de la liberté ne doit admettre d'institution politique que celle qui garantit le développement de l'instruction par les besoins de son existence même, en dehors de la volonté des hommes.

» Mais pour que les bénéfices de l'instruction soient utilisés, il faut encore que les institutions politiques assurent l'exercice de la LIBERTÉ, ce pouvoir de faire tout ce qui n'est pas contraire aux droits d'autrui, et l'existence de l'ÉGALITÉ, par laquelle la loi n'a qu'une seule mesure pour tous les citoyens.

» La forme républicaine est la seule qui remplisse ces conditions. Car seule, elle prend sincèrement pour point d'appui la volonté de la nation, et en demande l'expression véritable au suffrage universel. Il est donc nécessaire *à son existence même* que ce concours soit suffisamment éclairé, et en même temps qu'il soit absolument libre.

» La monarchie quelle qu'elle soit, Empire ou Royauté, emploie toujours les mêmes moyens pour essayer d'atteindre le même but. Croyant consolider le trône et continuer une dynastie, elle proclame les déclarations les plus retentissantes ; mais elle supprime peu à peu les libertés publiques, sous prétexte que la nation n'est pas suffisamment éclairée et qu'il faut la tenir en tutelle. En même temps elle met la main sur l'instruction, de peur que la lumière se fasse.

» C'est l'histoire de toutes les monarchies qui se sont succédé depuis la révolution de 1789 jusqu'à nos jours.

» Tous les républicains demandent la liberté et le développement de l'instruction publique.

» Tous ceux qui les repoussent sont monarchistes.

» Les uns vous disent : Jugez par vous-mêmes et agissez dans votre complète liberté. En même temps ils veulent rendre éclatante la lumière qui doit vous guider : *l'instruction.*

» Les autres au contraire vous éloignent des affaires publiques, et ont la prétention de régler sans vous les questions qui vous touchent le plus, sous prétexte que seuls ils sont capables.

» C'est ainsi qu'après une somnolence de vingt années la France s'est réveillée au bruit du canon de l'ennemi, et qu'elle paie aujourd'hui cette fausse tranquillité par la perte de DEUX PROVINCES, et de DIX MILLIARDS DE FRANCS.

» Avec la République, le roi et l'empereur sont remplacés par le corps électoral, c'est-à-dire par la nation. Seule elle dit : JE VEUX, et nul ne peut abroger ses décrets. Si elle se trompe, elle corrige elle-même son erreur par le scrutin le plus rapproché. Les fautes des rois et des empereurs sont au contraire toujours irréparables et entraînent les révolutions.

» C'est par toutes ces raisons, chers concitoyens, que je suis partisan des institutions républicaines, et que j'ai la conscience, en les soutenant, de défendre les intérêts de tous les

gens honnêtes, qui sont en même temps
jaloux de leurs droits et soumis résolûment
à leurs devoirs.

» Telles sont les convictions qui m'ont
dirigé dans l'accomplissement du mandat que
vous m'avez confié en 1871, et qui me guide-
ront encore si vous me faites l'honneur de me
le continuer.

» J'ai voté et je voterai de nouveau pour
tous les développements de l'instruction publique, et notamment pour l'instruction primaire gratuite et obligatoire, — pour la
nomination des maires par les conseils muni-
cipaux et pour l'extension des pouvoirs de
ces conseils, véritables garanties des libertés
publiques.

» Enfin tous mes efforts tendront, comme

toujours, à la constitution de la République libérale, ferme dans ses principes, modérée dans ses moyens, et ouverte à tous les dévouements sincères.

ÉLECTEURS,

» Quelle que soit votre manière de penser, quel que puisse être votre verdict, je vous demande de voter en hommes libres, le cœur haut, affranchi de toute crainte puérile, et l'esprit pénétré de l'importance de la mission souveraine que vous exercez. C'est ainsi que votre suffrage sera digne de vous et de la Patrie.

» Clermont-Ferrand, 30 septembre 1874.

» A. LEDRU. »

www.ingramcontent.com/pod-product-compliance
Lightning Source LLC
Chambersburg PA
CBHW061857080726
47597CB00010BA/4269